Contenido

contenido

Res

La carne de res es un alimento muy nutritivo con características únicas: bajo contenido de grasa, proteínas, vitaminas y minerales esenciales, por todo esto la carne roja magra contribuye a tener un cuerpo sano.

Uno de los beneficios principales es que proporciona hierro, el cual es indispensable para transportar oxígeno a todo el cuerpo a través del torrente sanguíneo. Si no consumes suficiente hierro, te sientes cansado, con poca energía y puedes sufrir anemia.

La carne de res es uno de los alimentos con mayor contenido de hierro el cual ayuda a que el cuerpo optimice la calidad del hierro en alimentos como verduras, nueces, legumbres y granos.

Una porción estándar de carne roja magra no sólo aumenta la cantidad de hierro, sino que proporciona la mitad de los requerimientos diarios de zinc que es otro mineral esencial

para los humanos necesario para el crecimiento, la reproducción y para tener un sistema inmunológico sano.

Una porción de carne también es rica en vitamina B; proporciona tiamina, riboflavina, niacina, vitamina B6 y vitamina B12 en grandes cantidades, lo cual ayuda a liberar la energía de la comida y a mantener un cuerpo sano.

Introducción

También proporciona las proteínas de alta calidad que son esenciales para la construcción y reparación de todas las células del cuerpo. Las proteínas de la carne satisfacen a la perfección las necesidades del cuerpo porque contienen ocho de los aminoácidos esenciales que necesitas cada día.

La carne de res magra, la ternera y la de cordero magra son una combinación única de nutrientes esenciales en el mismo paquete bajo en grasas. Son una aportación muy nutritiva y de gran sabor a cualquier alimento.

Cómo comprar la carne

Hacer la mejor compra de carne depende de elegir el corte, guardar la carne y prepararla con el método de cocción adecuado para la carne elegida.

• Sólo compra la cantidad de carne de acuerdo al espacio que tengas en donde vas a guardarla.

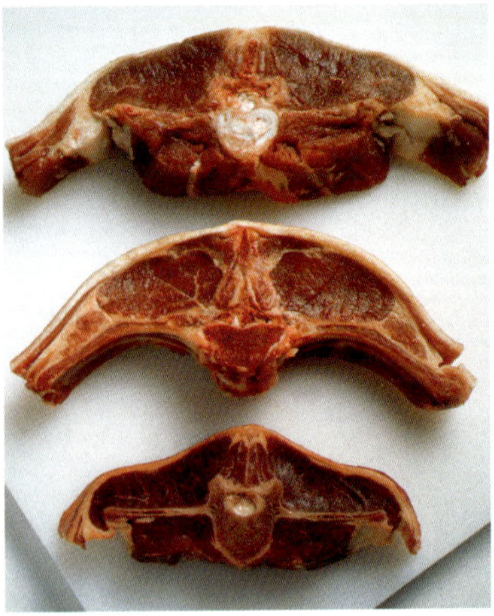

• Prepara el refrigerador y el congelador donde guardarás la carne antes de comprarla. Haz el espacio suficiente, lava los contenedores para carne y, si es necesario, descongela el refrigerador o congelador para guardar la carne en cuanto llegues a casa.

• Escoge la carne que tenga un color rosa brillante a rojo y de apariencia fresca, no seca.

• En el camino a casa mantén fría la carne para evitar que se formen bacterias que la descomponen. Puedes meterla en una bolsa de cierre.

Cuando compres cantidades mayores y la lleves en coche, pon una hielera con hielos y mete la carne en cuanto la compres, sobre todo si no llegarás a casa inmediatamente.

• Si no estás seguro en cuanto a qué cortes comprar pregunta al carnicero. Los carniceros son personas entrenadas y tienen muchos conocimientos en cuanto a carne, siempre estarán dispuestos a ayudarte.

• Si tienes problemas al calcular cuánta carne debes comprar calcula 115 g / 4 oz de carne magra y sin hueso por persona.

Carne frita, asada y a la parrilla

Filetes

de res con pimienta y

Porciones 4 **Tiempo de preparación** 15 min más 1hr para reposar
Tiempo de cocción 15 min **Calorías** 247 **Grasa** 12 g

salsa de cebolla morada

- 2 cucharadas de pimientas mixtas
- 4 sirloines, cuadriles o filetes de res (de 115 g / 4 oz c/u), magros
- perejil fresco para decorar

Salsa:

- 3 jitomates
- 2 cucharadas de jugo de jitomate
- 2 cucharadas de aceite de olivo
- 1 cebolla morada, finamente picada
- 2 cucharaditas de salsa de rábano*
- 1 cucharada de cilantro fresco, picado
- pimienta negra

* Véase página 47.

1 Colocar los jitomates en un recipiente y cubrirlos con agua hirviendo durante 30 segundos; escurrirlos, pelarlos, quitar las semillas y picar finamente; ponerlos en un recipiente junto con el jugo de jitomate, 1 cucharada del aceite, la cebolla morada, el rábano, el perejil y la pimienta negra; mezclar bien; tapar y reservar durante 1 hora.

2 Precalentar la parrilla a intensidad media. En un mortero moler los granos de pimienta. Barnizar la carne con el resto del aceite y cubrirlos con la pimienta.

3 Colocar la carne sobre la parrilla y asar de 4 a 5 minutos por lado hasta que estén cocidos al término deseado; servir con la salsa de cebolla morada y decorar con el perejil fresco.

Nota: la carne de res es fuente de vitamina B, Hierro y Zinc. Los cortes magros son bajos en grasa. Los jitomates contienen beta caroteno, vitamina C y E.

T-bone con mantequilla de ajo

4 cortes T-bone

2 cucharaditas de ajo, machacado

2 cucharaditas de aceite

sal y pimienta

Mantequilla de ajo:

55 g / 2 oz de mantequilla

1 cucharadita de ajo, machacado

1 cucharada de hojuelas de perejil

2 cucharaditas de jugo de limón

Mezclar todos los ingredientes y servir en una salsera

1 Poner la carne a temperatura ambiente. Mezclar el ajo, el aceite, la sal y la pimienta; frotar contra la carne por ambos lados; dejar reposar de 10 a 15 minutos a temperatura ambiente.

2 Calentar la parrilla y engrasar la rejilla. Sellar la carne durante 1 minuto por lado; acomodarlas en las orillas de la parrilla para cocer a fuego medio hasta que estén al término deseado (5-6 minutos para crudo, 7-10 minutos para medio y 10-14 minutos para bien cocido); voltear mientras se cuecen.

3 Servir en un plato para carne caliente con una porción de mantequilla de ajo; acompañar con papas.

Porciones *4* ***Tiempo de preparación*** *10 min*
Tiempo de cocción *20-30 min* ***Calorías*** *285* ***Grasa*** *16 g*

Filetes con salsa de jitomate

4 filetes de sirloin, magros
4 cucharadas de vino tinto
1 cucharada de vinagre balsámico
1 diente de ajo, machacado
2 cucharaditas de aceite de girasol

Salsa:

4 jitomates
1/2 cebolla morada, finamente picada
1 raíz de jengibre de 2 1/2 cm / 1 in, finamente picada (opcional)
2 cucharadas de cilantro fresco, finamente picado y extra para decorar
1 cucharada de aceite de olivo extra virgen
sal de grano
pimienta negra, recién molida
papas salteadas para servir

Porciones *4*

Tiempo de preparación *25 min más 30 min para marinar*

Tiempo de cocción *5 min*

Calorías *283*

Grasa *14 g*

1 Colocar la carne en un plato hondo. Mezclar el vino tinto, el vinagre balsámico y el ajo; verter sobre la carne, tapar y dejar marinar en el refrigerador durante 30 minutos mínimo.

2 Para hacer la salsa: poner los jitomates en un recipiente y cubrirlos con agua hirviendo durante 30 segundos; escurrir, pelarlos, quitarles las semillas y picar finamente; colocar el jitomate en un recipiente junto con la cebolla, el jengibre, el cilantro, el aceite de olivo y sazonar, mezclar bien y reservar.

3 Calentar el aceite en un sartén de teflón; colocar la carne (reservar la marinada) y cocer a fuego alto durante 2 minutos por lado; verter la marinada y cocer 1 minuto más o hasta que la carne esté cocida al término deseado y la salsa se haya evaporado casi por completo; retirar del fuego y dejar reposar durante 10 minutos; servir con la salsa y las papas salteadas, decorar con cilantro.

Sirloin con

1 Para hacer la mantequilla: mezclar la mantequilla, el ajo y el perejil en un recipiente pequeño; colocar la mezcla en el centro de una hoja de papel encerado, enrollar el papel hasta obtener forma de salchicha de 3 cm / 1 1/4 de diámetro; doblar los extremos para sellar y refrigerar durante 1 hora para endurecer.

2 Sazonar la carne con la sal y la pimienta. Calentar el aceite en un sartén grande de base gruesa a fuego medio hasta que comience a humear.

3 Colocar la carne en el sartén. Para un sirloin término medio cocer durante 2 minutos, voltear y cocer otros 3 minutos. Para uno bien cocido cocer durante 3 minutos, voltear y cocer 4 minutos más. El tiempo de cocción depende del grueso de la carne, para verificar que está al término deseado insertar un cuchillo en el medio de una carne.

4 Quitar el papel encerado de la mantequilla y eliminarlo; cortar la mantequilla en rebanadas y servir encima de la carne.

- 4 filetes de sirloin (de 170 g / 6 oz c/u)
- sal y pimienta negra
- 4 cucharaditas de aceite vegetal

Mantequilla de ajo:

- 100 g / 3 1/2 oz de mantequilla, a temperatura ambiente
- 2 dientes de ajo, pelados y machacados
- 2 cucharadas de perejil fresco, finamente picado

Porciones *4* **Tiempo de preparación** *10 min más 1 hr para congelar*

Tiempo de cocción *10 min* **Calorías** *562* **Grasa** *38 g*

mantequilla de ajo

Filete au poivre

- 3 cucharadas de granos de pimienta mixta
- 4 filetes gruesos (de 170 g / 6 oz c/u)
- 2 cucharadas de aceite de olivo
- 400 ml / 14 oz de vino tinto
- sal

1 Moler los granos de pimienta. Barnizar los filetes con 1 cucharada del aceite y cubrir las orillas de cada filete con la pimienta molida.

2 Calentar el resto del aceite en un sartén grande de base gruesa de fuego medio a alto; cocer los filetes durante 5-6 minutos, voltear una vez, hasta que estén listos.

3 Colocar la carne en platos para servir y mantener calientes. Reducir el fuego y verter lentamente el vino al sartén, añadir 100 ml / 4 oz de agua; dejar que suelte el hervor, cocer durante 4 minutos más o hasta que se consuma a la mitad, revolver constantemente y agregar sal al gusto; verter sobre los filetes para servir.

Nota: servir con papas a la francesa y ensalada verde.

Porciones 4 **Tiempo de preparación** 10 min **Tiempo de cocción** 10 min **Calorías** 335 **Grasa** 14 g

Cuadril de res con soya

1 En un recipiente (que no sea de metal) mezclar bien la carne, la soya, el vino de arroz o sherry, la maicena y el azúcar.

2 Calentar 1 cucharada de aceite en un wok o sartén grande de base gruesa; añadir 1/3 de la mezcla de la carne y freír revolviendo a fuego alto durante 2-3 minutos, hasta que tome color café; repetir con 2 tandas más (añadir más aceite si es necesario).

3 Calentar el aceite restante en el recipiente y agregar el brócoli junto con 6 cucharadas de agua; sofreír durante 5 minutos; agregar el pimiento y el ajo, freír revolviendo durante 2-3 minutos más hasta que el brócoli esté tierno y firme.

4 Incorporar la salsa de soya; regresar la carne al recipiente y agregar el germen de soya; revolver a fuego alto durante 2 minutos hasta que la carne esté muy caliente y el germen se haya suavizado un poco; sazonar.

Nota: verificar que se tienen todos los ingredientes listos y cortados antes de comenzar a cocinar, así se cuecen parejo.

Porciones *4*
Tiempo de preparación *15 min*
Tiempo de cocción *20 min*
Calorías *328*
Grasa *14 g*

- 455 g / 16 oz de cuadril, magros y cortados en tiras delgadas
- 2 cucharadas de salsa de soya
- 2 cucharadas de vino de arroz o sherry
- 1 1/2 cucharada de maicena
- 1 cucharadita de azúcar
- 3 cucharadas de aceite de cacahuate
- 145 g / 5 oz de brócoli, cortado en trozos
- 1 pimiento rojo grande, sin semillas y cortado en tiras delgadas
- 2 dientes de ajo, machacados
- 3 cucharadas de salsa de ostión*
- 200 g / 7 oz de germen de soya
- sal y pimienta negra

* Véase página 47.

Cuadril
de res con crema de rábano

- 4 cuadriles (de 170 g / 6 oz c/u), magros
- 4 cucharadas de salsa teriyaki o de soya
- 4 cucharadas de aceite de olivo
- 6 cucharadas de crême fraìche*
- 4 cucharaditas de crema de rábano*
- 2 cucharaditas de aceite de cacahuate
- 7 cebollas de cambray, en rebanadas delgadas
- 1 cebolla de cambray en tiras
- 2 dientes de ajo, picados
- 1/4 de cucharadita de chiles machacados

* Véase página 47.

1 Poner la carne en un recipiente (que no sea de metal), verter la salsa teriyaki o de soya junto con el aceite de olivo y bañar la carne; tapar y marinar de 1 a 2 horas en el refrigerador. Mezclar la crême fraìche y el rábano; tapar y refrigerar.

2 Calentar el aceite en un sartén de base gruesa; agregar 2 trozos de carne (reservar la marinada) y cocer por 3 minutos de cada lado o hasta que tengan el término deseado; retirar la carne del fuego y mantener caliente; repetir con el resto.

3 En un sartén pequeño calentar las rebanadas de cebolla de cambray, el ajo, los chiles y la marinada; verter sobre la carne y servir con una cucharada de la crema de rábano y cebolla de cambray. Servir aparte el resto de la crema.

Porciones *4* ***Tiempo de preparación*** *10 min más 2 hr para marinar*
Tiempo de cocción *15 min* ***Calorías*** *451* ***Grasa*** *31 g*

Tiras de res marinadas

510 g / 18 oz de filetes, en tiras de 5 mm / 1/4 in de grueso

2 cebollas de cambray, picadas y extra para decorar

aceite vegetal para barnizar

Marinada:

2 cucharadas de semillas de ajonjolí

2 dientes de ajo, finamente picados

1 raíz de jengibre de 2 1/2 cm / 1 in, finamente picada

2 cucharadas de azúcar

3 cucharadas de salsa de soya clara

3 cucharadas de soya oscura

1 cucharada de aceite de ajonjolí

Porciones *4*

Tiempo de preparación *20 min más 4 hr para marinar*

Tiempo de cocción *10 min*

Calorías *315*

Grasa *15 g*

1 Para hacer la marinada: calentar un sartén y freír las semillas de ajonjolí durante 5 minutos o hasta que estén doradas, revolver constantemente; moler finamente en un mortero o molino de café; mezclar con el ajo, el jengibre, el azúcar, ambos tipos de salsa de soya y el aceite; moler para formar una pasta.

2 Mezclar la carne, las cebollas de cambray y la marinada en un recipiente (que no sea de metal); tapar y marinar en el refrigerador durante 4 horas.

3 Con el aceite barnizar un sartén de base gruesa y dejar que se caliente mucho; colocar una capa de carne y cocer de 1 a 2 minutos hasta que tomen color café (voltear sólo una vez); repetir con el resto de la carne. Servir adornado con cebollas de cambray.

Tapa de res al curry

1 Pelar la cáscara del limoncillo, picar finamente la parte blanca de los bulbos y tirar la parte fibrosa. Calentar una cacerola grande y freír el coco durante 5 minutos o hasta que dore, revolver constantemente; moler el coco en el mortero o procesador de alimentos.

2 Licuar o moler el limoncillo, las cebollas, el ajo, el jengibre y el chile hasta formar una pasta. Calentar el aceite en un sartén y freír la pasta durante 5 minutos para que suelte el sabor, revolver constantemente; añadir la carne y bañarla con la salsa, freír durante 3 a 4 minutos hasta que selle.

3 Agregar el coco, el azafrán de la India, la leche de coco, el azúcar y la sal, revolver bien y dejar que suelte el hervor, revolviendo constantemente; calentar a fuego lento, sin tapar durante 3 horas, revolver de vez en cuando, hasta que la salsa se consuma y quede un gravy. Decorar con el chile rebanado.

- 2 ramitas de limoncillo*
- 4 cucharadas de coco, deshidratado
- 2 cebollas, picadas
- 2 dientes de ajo, picados
- 1 raíz de jengibre de 5 cm / 2 in, picada
- 1 chile rojo, sin semillas y picado
- 1 chile rojo, sin semillas y rebanado para decorar
- 2 cucharadas de aceite vegetal
- 680 g / 24 oz de tapa de res cortada en cuadritos de 2 1/2 cm / 1 in
- 1 cucharadita de azafrán de la India
- 400 ml / 14 oz de leche de coco, de lata
- 1 cucharadita de azúcar
- sal

* Véase página 47.

Porciones *4* ***Tiempo de preparación*** *25 min*
Tiempo de cocción *3 hr 15 min* ***Calorías*** *462* ***Grasa*** *38 g*

Filetes de res rellenos de champiñones

15 g / 1/2 oz de champiñones secos

85 g / 3 oz de mantequilla

4 filetes de 170 g / 6 oz c/u

255 g / 9 oz de champiñones frescos mixtos, rebanados

1 diente de ajo

1 cucharadita de tomillo fresco, picado y extra para decorar

85 ml / 3 oz de vino tinto

85 ml / 3 oz de caldo de res

sal y pimienta negra

1 Precalentar el horno a 160°C / 325°F. Cubrir los champiñones secos con 90 ml / 3 oz de agua hirviendo, remojar durante 15 minutos hasta que estén suaves, colar y reservar el líquido; picar los champiñones. Derretir 30 g / 1oz de mantequilla y freír los filetes de 2 a 3 minutos por lado, hasta que tomen color café; envolver sin apretar en papel aluminio y mantener caliente en el horno.

2 Agregar 30 g / 1 oz de la mantequilla al sartén y freír los champiñones frescos, los secos, el ajo y el tomillo durante 4 minutos o hasta que los champiñones se suavicen; agregar el vino; aumentar el fuego y hervir de 1 a 2 minutos hasta que la salsa se reduzca a la mitad.

3 Mezclar el líquido reservado de los champiñones secos y el caldo de res; verter al sartén y calentar a fuego lento durante 3 minutos; incorporar el resto de la mantequilla y sazonar; servir con los filetes y adornar con tomillo.

Porciones *4* **Tiempo de preparación** *10 min más 15 min para remojar*
Tiempo de cocción *15 min* **Calorías** *463* **Grasa** *24 g*

Hamburguesas

de res y zanahoria

455 g / 16 oz de carne de res, magra y molida
2 zanahorias, en tiras gruesas
85 g / 3 oz de champiñones, finamente picados
1 cebolla grande o 3 chalotes, finamente picados
55 g / 2 oz de pan integral, molido
2 cucharadas de puré de tomate
1 huevo mediano, ligeramente batido
1 diente de ajo, machacado
2 cucharaditas de comino
2 cucharaditas de cilantro
1 cucharadita de chile en polvo
pimienta negra

1 Precalentar la parrilla a intensidad media. Colocar los ingredientes en un recipiente grande y mezclarlos bien.

2 Con la mezcla, formar con la mano 4 tortas redondas. Cocer en la parrilla de 10 a 15 minutos hasta que las tortas estén cocidas al término deseado, voltearlas una vez.

Nota: estas saludables hamburguesas se convertirán en las favoritas de tu familia. Otra forma de servirlas es con panecillos de trigo y ensalada de lechuga con jitomate rebanado y salsa para condimentar.

Porciones *4* ***Tiempo de preparación*** *15 min* ***Tiempo de cocción*** *15 min* ***Calorías*** *231* ***Grasa*** *8 g*

Tiras de res con

455 g / 16 oz de sirloin o cuadril de res, cortado en tiras delgadas
1 diente de ajo, machacado
1 chile rojo pequeño, sin semillas y finamente picado (opcional)
1 cucharada de salsa de soya oscura
pimienta negra
2 cucharaditas de maicena
1 cucharada de vinagre de vino blanco
2 cucharadas de aceite vegetal
1 pimiento amarillo, sin semillas y cortado en tiras
1 pimiento rojo, sin semillas y cortado en tiras
1 calabaza zucchini, cortada en tiras
145 g / 5 oz de vainas de chícharo
3 cucharadas de salsa de frijol negro*
4 cebollas de cambray, rebanadas

* Véase página 47.

1 En un recipiente combinar las tiras de res, el ajo, el chile, la salsa de soya y sazonar. En otro recipiente mezclar la maicena con 1 cucharada de agua hasta que se suavice; agregar el vinagre.

2 Calentar el aceite en un wok o sartén grande hasta que esté muy caliente; colocar la carne y la marinada, freír revolviendo durante 4 minutos hasta que se selle por ambos lados.

3 Agregar los pimientos y sofreír durante 2 minutos; añadir las calabazas y los chícharos, cocer por 3 minutos; reducir el fuego y agregar la mezcla de la maicena y la salsa de frijol negro; revolver bien y cocer durante 2 minutos o hasta que estén bien cocidos; espolvorear las cebollas de cambray antes de servir.

Nota: la salsa de frijol negro combina muy bien con la carne de res –es el toque de distinción de este platillo. Para otro toque oriental servir con fideos de huevo o arroz.

Porciones 4 **Tiempo de preparación** 15 min **Tiempo de cocción** 15 min **Calorías** 347 **Grasa** 19 g

salsa de frijol negro

Ravioles
con carne, crema y parmesano

- 600 g / 10 1/2 oz de ravioles de carne
- sal y pimienta negra
- 200 ml / 7 oz de crema
- 30 g / 1 oz de mantequilla sin sal
- nuez moscada fresca, rallada
- 55 g / 2 oz de queso parmesano recién rallado, y un poco más para servir

1 Cocer los ravioles en suficiente agua hirviendo con sal hasta que estén al dente. Calentar a fuego lento la mitad de la crema y la mantequilla en un sartén de base gruesa, o hasta que la mantequilla se derrita.

2 Colar los ravioles y añadir inmediatamente a la mezcla de crema; cocer durante 30 minutos, revolviendo; añadir el resto de la crema y la pimienta, la nuez moscada y el queso; revolver y calentar durante unos segundos hasta que la salsa bañe a los ravioles. Servir con queso parmesano.

Nota: los ravioles tienen un rico sabor a carne, la salsa de crema con el queso parmesano y la nuez es un complemento excelente.

Porciones 4 **Tiempo de preparación** 10 min **Tiempo de cocción** 10 min **Calorías** 679 **Grasa** 40 g

con carne

- 1 cucharada de aceite vegetal
- 2 cebollas medianas, peladas y picadas
- 750 g / 26 oz de carne de res, magra y molida
- 2 dientes de ajo, pelados y machacados
- 800 g / 28 oz de jitomates picados
- 1 hoja de laurel
- 2 cucharaditas de orégano seco
- 1 cucharadita de comino, molido
- 1 chile pequeño, sin semillas y picado o 1-2 cucharaditas de chile en polvo
- 1/4 de cucharadita de pimienta de cayena
- 2 cucharadas de cilantro, molido (opcional)
- 2 latas de 425 g / 15 oz c/u de alubias, escurridas y enjuagadas
- sal y pimienta negra

1 Calentar el aceite en un sartén grande de base gruesa y freír las cebollas durante 5 minutos a fuego medio hasta que se suavicen o tomen color transparente.

2 Añadir la carne separándola con el dorso de una cuchara; cocer de 7 a 10 minutos o hasta que se dore, quitar el exceso de grasa del sartén; agregar el ajo y freír durante 30 segundos para que suelte el sabor.

3 Incorporar los jitomates, la hoja de laurel, el orégano, el comino y el chile o el chile en polvo, el cilantro y las alubias; sazonar con sal y pimienta y revolver bien; dejar que suelte el hervor, tapar y calentar a fuego lento durante 45 minutos, revolver ocasionalmente.

4 Quitar la tapa y calentar a fuego lento, revolviendo ocasionalmente, durante 15 minutos más o hasta que la salsa esté espesa. Sazonar si es necesario y servir.

Porciones *4* ***Tiempo de preparación*** *10 min* ***Tiempo de cocción*** *1 hr 15 min* ***Calorías*** *525* ***Grasa*** *21 g*

Caña de res

Porciones *8-10* ***Tiempo de preparación*** *15 min*
Tiempo de cocción *75-90 min* ***Calorías*** *421* ***Grasa*** *25 g*

con rebanadas de papa

1 1/2 kg / 53 oz de caña de res para filete
sal y pimienta
2 cucharaditas de aceite
5 papas medianas
1 cucharadita de ajo, machacado
2 cucharadas de pesto de jitomates deshidratados
1 cucharada de agua
1 cucharada de aceite de olivo
marinada de vinagre y hierbas*

* Véase página 47.

1 Frotar la sal, la pimienta y el aceite en la caña y atar en cada 2 1/2 cm / 1 in con hilo para cocina para conservar la forma.

2 Pelar las papas y cortarlas a la mitad y después en 4-6, enjuagarlas y colocarlas sin agua en un recipiente grande. Mezclar el ajo, el pesto de jitomate, el agua y el aceite y verter la mezcla sobre las papas, revolver bien; colocarlas en un plato grande de aluminio en una sola capa.

3 Asar de la siguiente manera: Parrillas de gas con tapa: calentar la parrilla de carbón a intensidad normal y la de gas a intensidad media alta, ambas para calor indirecto. Colocar la caña sobre la charola, tapar y cocer durante 45 minutos sin voltear; barnizar con la marinada cada 10 minutos hasta completar 75 minutos para término rojo y 90 minutos para término medio. Colocar las papas a calor directo durante 40 minutos (la primera vez que se barnice la carne), voltearlas después de 20 minutos. Parrillas eléctricas: precalentar a intensidad media alta y colocar una rejilla sobre la parrilla a 2 1/2 cm de altura. Colocar la carne sobre una charola de aluminio para hornear, cubrir con la tapa y cocer durante 40 minutos; seguir las instrucciones para parrillas de gas. Colocar las papas sobre la charola durante 40 minutos, voltear después de 20 minutos.

4 Reposar la carne tapada con papel aluminio durante 10 minutos antes de cortarla. Rebanarla y servir con el jitomate, las papas y verduras o ensalada.

Costillas

1.5 kg / 53 oz de costillar con carne
sal y pimienta negra
2 cucharaditas de ajo, machacado
2 cucharaditas de harina
285 g / 10 oz de salsa de jitomate*

Tortitas de papa:

4 papas medianas, hervidas con cáscara
105 g / 4 oz de huevos, ligeramente batidos
2 cucharaditas de aderezo cajún*
2 cucharadas de aceite de olivo
2 cucharadas de harina
1/2 cucharadita de sal

* Véase página 47.

1 Frotar la carne con sal, pimienta y el ajo machacado y dejar reposar a temperatura ambiente durante 20 minutos; antes de colocarlas en la parrilla espolvorearlas con el harina (ayuda para evitar que salgan los jugos). Colocar la salsa en un sartén pequeño listo para calentarse y preparar la mezcla de las tortitas.

2 Cocer de la siguiente manera: Estufa y parrillas de gas con tapa: calentar a intensidad media, si es calor indirecto calentar a temperatura alta. Colocar la carne sobre la rejilla engrasada y debajo de ésta colocar una charola para recolectar los jugos; tapar y cocer de 1 a 1 1/2 horas o hasta que el termómetro indique 65-70°C / 149-158°F; retirar de la parrilla, tapar con papel aluminio y dejar reposar durante 20 minutos antes de cortar. Parrillas eléctricas: precalentar a intensidad media-alta. Colocar la carne sobre una rejilla a 2 1/2 cm / 1 in por encima del plato para asar; tapar y proceder como se indica en el párrafo anterior. Para hacer las tortitas: pelar y machacar las papas, añadir los huevos, el aderezo cajún, el aceite de olivo, el harina y la sal; mezclar bien y formar 16 tortitas (con las manos enharinadas); cocer sobre el plato o las rejilla engrasados durante 5 minutos por lado. Calentar la salsa mientras se cuecen las tortitas. Cortar la carne y servir con las tortitas y la salsa.

Porciones 8 **Tiempo de preparación** 15 min **Tiempo de cocción** 1-2 hr **Calorías** 410 **Grasa** 30 g

con tortitas de papa

Tagliatelle
con salsa boloñesa

- 3 cucharadas de aceite de olivo
- 30 g / 1 oz de mantequilla
- 115 g / 4 oz de tocino, sin grasa y picado
- 1 cebolla pequeña, finamente picada
- 1 zanahoria pequeña, finamente picada
- 1 tallo de apio, finamente picado
- 1 diente de ajo pequeño, machacado
- 400 g / 14 oz de carne de res, magra y molida
- 100 ml / 3 1/2 oz de vino blanco seco
- 2 cucharadas de puré de tomate
- 100 ml / 3 1/2 oz de caldo de res
- sal y pimienta negra
- 100 ml / 3 1/2 oz de leche entera
- 485 g / 16 oz de tagliatelle fresco
- queso parmesano recién rallado para servir

1 En un sartén grande de base gruesa colocar el aceite y la mantequilla, freír el tocino, la cebolla, la zanahoria, el apio y el ajo de 5 a 7 minutos hasta que las verduras se suavicen, revolver de vez en cuando; añadir la carne y freír revolviendo constantemente de 3 a 5 minutos o hasta que tome color café.

2 Verter el vino y hervir de 2 a 3 minutos hasta que se reduzca a más de la mitad; incorporar el puré de tomate, el caldo y sazonar; dejar que suelte el hervor; calentar a fuego lento de 2 a 2 1/2 horas sin tapar y revolviendo de vez en cuando. Añadir 2 cucharadas de leche cuando comience a secarse.

3 Cocer la pasta en suficiente agua hirviendo con sal hasta que esté suave y al dente; colar y colocar un tercio de la pasta en un plato caliente para servir, verter 1 cucharada de la salsa; servir más pasta y más salsa en la misma manera; revolver bien y verter el resto de la salsa; servir con el queso parmesano.

Porciones *4* ***Tiempo de preparación*** *20 min*
Tiempo de cocción *2 hr 50 min* ***Calorías*** *820* ***Grasa*** *44 g*

28

2

Al horno

Caña de res borgoña

1 cucharada de aceite de olivo
1 caña de filete de 1-1.5 kg / 35-53 oz, con hueso y magra
1 cebolla, finamente picada
1 zanahoria, finamente picada
2 tallos de apio, finamente picados
1 diente de ajo, finamente picado
400 ml / 14 oz de caldo de res
400 ml / 14 oz de borgoña u otro vino tinto
2 cucharadas de brandy (opcional)
4 jitomates, picados
1 pizca de pimienta de Jamaica o de clavo molido
1 bouquet garni*
sal y pimienta negra
tomillo fresco para decorar

* Véase página 47.

1 Precalentar el horno a 160°C / 325°F. Calentar el aceite en una cacerola hasta que esté caliente sin humear; añadir la carne y cocer de 4 a 5 minutos hasta que esté dorada; quitar de la cacerola y reservar.

2 Quitar el exceso de grasa de la cacerola y colocar la cebolla, la zanahoria, el apio y el ajo, freír a fuego lento durante 4-5 minutos o hasta que tomen color café ligero; añadir el vino, el caldo, el brandy, los jitomates, la pimienta de Jamaica o los clavos, el bouquet garni y sazonar; dejar que suelte el hervor y regresar la carne a la cacerola.

3 Tapar el recipiente y hornear de 2 a 2-1/2 horas hasta que esté suave y bien cocido (voltear una vez a la mitad del tiempo de cocción); sacar la carne, tapar y mantener caliente. Quitar el exceso de grasa de la salsa, colar y transferirla a un sartén limpio sin las verduras; hervir durante 5 minutos o hasta que se consuma a la mitad. Sazonar y decorar con tomillo.

Nota: servir rebanada con papas y brócoli, verter el gravy encima.

Porciones *4-6* ***Tiempo de preparación*** *25 min*
Tiempo de cocción *2 hr 45 min* ***Calorías*** *571* ***Grasa*** *20 g*

Estofado

de res con chalotes

1 Precalentar el horno a 240°C / 475°F. En un sartén poner los chalotes, el ajo, las zanahorias, el apio y 2 cucharadas de aceite de olivo; mezclar bien y cocinar durante 15 minutos, revolviendo constantemente, hasta que las verduras tomen color café.

2 En una cacerola de base gruesa calentar el resto del aceite y añadir 1/3 de la carne y freír de 5 a 8 minutos; retirar del sartén y apartar; seguir con el resto de la carne en dos tandas; colocar toda la carne en la cacerola, agregar las verduras, el atado de hierbas, el vino, el caldo, la cebada y la pimienta negra; sazonar con sal y hervir.

3 Reducir la flama y calentar a fuego lento, parcialmente tapado, de 2 a 2 1/2 horas hasta que la carne esté suave; revisar de vez en cuando y añadir más agua si comienza a secarse; sacar el atado de hierbas antes de servir.

Nota: servir con puré de papa y perejil.

- 6 chalotes, en cuartos
- 6 dientes de ajo grandes, en cuartos
- 3 zanahorias grandes, rebanadas
- 4 tallos de apio, rebanados
- 4 cucharadas de aceite de olivo
- 1 kg / 35 oz de filete de res, magro y cortado en cubos
- hojas de tomillo, 1 hoja de laurel, hojas de romero, 1 cáscara de limón, todo atado con un cordel de cocina
- 485 ml / 18 oz de vino tinto
- 285 ml / 10 oz de caldo de res
- 3 cucharadas de cebada
- pimienta negra, molida
- sal y pimienta negra

Porciones *6* ***Tiempo de preparación*** *20 min* ***Tiempo de cocción*** *3 hr 10 min* ***Calorías*** *471* ***Grasa*** *21 g*

Carbonade de res

1 Precalentar el horno a 160°C / 325°F. En una cacerola resistente al fuego calentar 2 cucharadas de aceite, dividir la carne en 3 partes iguales y freír las partes una por una de 6 a 7 minutos, mover constantemente hasta que tomen color parejo (se puede añadir más aceite si es necesario); reservar.

2 Bajar la temperatura y en la misma cacerola agregar el aceite y cocinar durante 5 minutos; colocar el harina y el azúcar, mover constantemente de 1 a 2 minutos; añadir la cerveza y el caldo de res; revolver y dejar hervir; agregar la carne, el puré de tomate y el bouquet garni; sazonar, revolver bien y tapar.

3 Hornear la cacerola de una y media a dos horas o hasta que la carne esté suave y bien cocida, revolver de 2 a 3 veces mientras está horneándose y agregar un poco de agua si es necesario; sacar el bouquet garni y rectificar el sazón; decorar con perejil.

- 2-3 cucharadas de aceite vegetal
- 1 kg / 35oz de filetes de res, en cubos de 2 1/2 cm / 1 in
- 1 cebolla grande, en rebanadas delgadas
- 1 cucharada de harina
- 2 cucharadas de azúcar morena
- 285 ml / 10 oz de cerveza oscura
- 510 ml / 18 oz de caldo de res
- 1 cucharada de puré de tomate
- 1 bouquet garni*
- sal y pimienta negra
- perejil fresco para decorar

* Véase página 47.

Porciones 4 **Tiempo de preparación** 15 min **Tiempo de cocción** 2 hr 30 min **Calorías** 506 **Grasa** 20 g

Albóndigas

Porciones *4* ***Tiempo de preparación*** *20 min para remojar y 30 min para refrigerar*
Tiempo de cocción *45 min* ***Calorías*** *379* ***Grasa*** *18 g*

italianas en salsa de jitomate

- 1 rebanada gruesa de pan blanco, sin costras, cortada en pedazos
- 2 cucharadas de leche entera
- 450 g / 1 lb de carne de res, magra y molida
- 2 dientes de ajo, machacados
- 4 cucharadas de queso parmesano, rallado y un poco más para espolvorear
- 1 huevo mediano, ligeramente batido
- 3 cucharadas de albahaca fresca, picada y unas hojas para adornar
- sal y pimienta negra
- 2 cucharadas de aceite de olivo

Salsa:

- 450 g / 1 lata de salsa para espagueti preparada c/hierbas
- 200 ml / 7 oz de vino tinto, vino blanco seco
- 1 cucharadita de azúcar, o al gusto
- 50 g / 2 oz de aceitunas negras, deshuesadas
- 285 ml / 10 oz de caldo de res

1 Colocar el pan en un recipiente grande, verter la leche y dejar remojar durante 5 minutos. Añadir la carne de res, el ajo, el queso parmesano, la albahaca y sazonar; mezclar bien (con las manos). Formar albóndigas con la mezcla, hacer entre 20 y 24 bolas. Refrigerar durante 30 minutos.

2 Calentar el aceite en un sartén. Freír las albóndigas en dos tandas durante 5 minutos, voltear para que se frían uniformemente. Quitarlas del sartén y secarlas en toallas de papel.

3 Para hacer la salsa: quitar el aceite del sartén. Añadir la salsa para espagueti, el vino, el caldo, el azúcar y sazonar. Dejar que suelte el hervor y hervir a fuego lento durante 20 minutos, agregar las albóndigas y dejar que hiervan 10 minutos más, mover ocasionalmente. Sazonar al gusto, añadir las aceitunas y dejar calentar durante 1 minuto. Esparcir el queso parmesano y la albahaca justo antes de servir.

Nota: servir estas ricas albóndigas hervidas en salsa de jitomate y aceitunas, con queso parmesano y pasta.

Filetes a la mexicana

1 Precalentar el horno a 150°C / 300°F. Colocar los filetes entre hojas de plástico y aplanar un poco con un rodillo. Freír el tocino en un sartén de 2 a 3 minutos a fuego lento hasta que esté cocido; retirar del fuego y añadir el perejil, la mejorana y el pan molido.

2 En un plato hondo mezclar el harina, la sal y la pimienta. Repartir la mezcla del tocino entre los filetes; enrollar cada uno a partir del extremo más pequeño; revolcar en el harina preparada y asegurar con un palillo mojado.

3 Calentar el aceite en un recipiente resistente al fuego; añadir la carne y cocer durante 2 minutos, volteando para que se dore parejo; retirar del recipiente y reservar. Colocar el chile en polvo, la cebolla, el ajo y el pimiento rojo en el recipiente y cocer durante 3 minutos para que se suavicen; regresar la carne al recipiente; verter el caldo y dejar que suelte el hervor; tapar el recipiente y hornear durante 45 minutos; añadir las alubias y cocer durante 45 minutos más; retirar los palillos y servir.

Nota: este platillo es una variante del "chilli con carne". Servir con pan o puré de papa.

- 4 filetes de res, delgados
- 4 tiras de tocino, finamente picadas
- 1 cucharada de perejil fresco, picado
- 1/2 cucharada de mejorana seca
- 85 g / 3 oz de pan molido fresco
- 55 g / 2 oz de harina
- palillos
- sal y pimienta negra
- 1 cucharada de aceite vegetal
- 1-2 cucharadas de chile en polvo
- 1 cebolla, picada
- 2 dientes de ajo, finamente picados
- 1 pimiento rojo, sin semillas y picado
- 200 ml / 7 oz de caldo de res
- 400 g / 14 oz de alubias en lata, escurridas y enjuagadas

Porciones 4 **Tiempo de preparación** 20 min **Tiempo de cocción** 1 hr 45 min **Calorías** 433 **Grasa** 19 g

Compendio

Carne para freír en el sartén

Cortes: Filete, Minute Steak (filete delgado), Oyster Blade, Costillas, Rib Eye, Cuadril, Sirloin y T-Bone.

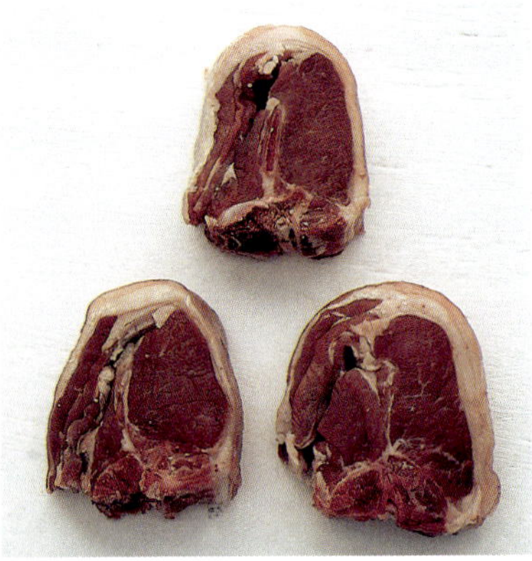

Consejos:

• Quitar toda la grasa de los filetes y las costillas. Hacer uno o dos cortes pequeños alrededor del orillo –después de la línea del cartílago hacia la carne, lo cual evita que la carne se enrosque al cocerla.

• Sazonar con pimienta y hierbas secas antes de cocerla, añadir sal y condimentos después de cocer.

• Los filetes y las costillas pueden cocerse congeladas con un poco de tiempo de cocción extra.

• Usar poco aceite; si se usa mucho hace que la carne se cueza demasiado.

• Un sartén de teflón reduce la cantidad de grasa necesaria y así reduce el contenido de grasa de la carne. También se puede usar papel encerado para reducir el contenido de grasa y evitar que la carne se pegue.

• El aceite que se recomienda es el aceite vegetal, mantequilla, ghee (mantequilla clarificada) y margarina. La mantequilla da un buen sabor pero se quema fácilmente. Es mejor usar una mezcla de mantequilla y aceite para evitar que se queme y conservar el sabor. El ghee no se quema con facilidad y tiene un agradable sabor característico.

• Prender la estufa a fuego alto para calentar bien el aceite y el sartén. Colocar la carne en el sartén y sellar por ambos lados para evitar que salgan los jugos, después bajar la intensidad para continuar con la

de carne de res

cocción, la cual depende del grosor de la carne. Si el corte es grueso, pasa menos calor al centro de la carne. Si es delgado se cuece rápido y en menos tiempo. Es necesario no dejar desatendido el sartén para ajustar el fuego cuando sea necesario.

• El tiempo de cocción depende del grosor de la carne y del tipo de sartén, de manera que es difícil especificarlo con exactitud. Usar lo siguiente como guía:

Crudo (rojo): de 2 a 3 minutos por lado.

Medio: de 4 a 6 minutos por lado.

Bien cocido: de 6 a 9 minutos por lado.

Voltear la carne máximo 3 veces durante la cocción, una sola vez para crudo.

• No cortar con un cuchillo para verificar si está cocida pues se sale el jugo; presionar con pinzas chatas y debe estar:

Crudo: suave al tacto.

Medio: más firme al tacto.

Bien cocido: mucho más firme al tacto.

• No voltear constantemente la carne, no usar fuego lento pues la carne se endurece debido a la falta de calor para sellar el jugo. Si el fuego es demasiado lento el jugo comenzará a correr.

• No freír en sartén con tapa. La tapa no deja salir el vapor y provoca que se endurezca la carne.

• Para obtener mayor suavidad y sabor marinar la carne en marinadas con vino o cítricos. Para mejores resultados colocar la carne y la marinada en platos no metálicos, tapar y refrigerar 2 horas o más, de preferencia durante la noche.

• Limpiar siempre el sartén para eliminar los jugos que se pegan a la base, usar agua, caldo, vino o jugo de limón o de frutas; esto forma una salsa y para darle más cuerpo se usa crema o crema ácida.

• Tener listas las verduras, el arroz o la pasta antes de comenzar a freír la carne. Una vez terminada la cocción se debe servir de inmediato.

• Para evitar que "brinque" cubrir con aluminio.

Carne en tiras para freír

Cortes: Blade sin hueso, Filetes, Cuartos traseros, Topside, Cuadril, Rib-Eye y Sirloin.

Consejos:

- Comprar la carne previamente cortada en tiras.
- Si se compra entera congelar un poco para facilitar el corte. Quitar la grasa y rebanar siguiendo la textura, lo cual garantiza la suavidad. Cortar tiras de 5 a 8 cm / 2 a 3 in de ancho.
- Marinar las tiras durante mínimo media hora en una mezcla de maicena con agua, salsa de soya, vino de arroz o sherry seco para evitar que salgan los jugos y añadir sabor.
- Freír en tandas pequeñas (de 200-385 g / 7-10 oz) para evitar que la carne pierda el jugo.
- Preparar la carne, las verduras, los sazonadores y salsas antes de comenzar.
- Antes de empezar verter un poco de aceite al sartén o recipiente y cubrir toda la base y las orillas, calentar hasta que suelte humo. El recipiente se puede sustituir con un sartén de base gruesa. Colocar en el centro del quemador de la estufa para que el fuego se concentre en el centro del sartén.

Verduras para dar sabor, textura y color

- Antes que la carne freír las siguientes verduras en un poco de aceite hasta que tengan un color fuerte:

cebolla en cuartos brócoli, en racimos zanahorias rebanadas	3 minutos
champiñones secos, remojados chícharos pimiento, rebanado jengibre, picado chile, picado calabazas zucchini, rebanadas brotes de bambú	2 minutos
castañas chalotes, picados vainas de leguminosas	1 minuto

Carne de res para asar

Cortes: Filetes, Minute (filetes delgados), Oyster Blade, Costilla, Rib-Eye, Cuadril, Sirloin, T-Bone, Tapa.

Consejos:

- Seguir las instrucciones de la parrilla o asador. Las parrillas de madera necesitan mucho tiempo para calentar (entre 40 y 60 minutos) para que la carne se cueza sobre los maderos calientes y no sobre el fuego.

- Precalentar la parrilla de gas para calentar bien el plato.

- Engrasar ligeramente la rejilla o plato para evitar que la carne se pegue.

- Marinar la carne para aumentar el sabor, opcional.

- Para asegurar la suavidad del corte Blade y de la Tapa marinar en marinadas con base ácida que tenga vino o jugos de cítricos durante dos horas o más.

- Los filetes o costillas congelados no requieren ser descongelados, sólo es necesario prolongar el tiempo de cocción.

- Para brochetas –comprarlas previamente cortadas o cortar la carne completa en trozos de 3cm.

- Al cocer sellar a fuego alto y reducir la intensidad, colocar la carne en la parte más fría del plato o ponerla sobre una rejilla más alta.

- El tiempo de cocción es igual que para asar.

Carne de res al horno

Cortes: Filetes grandes, Rib-Eye (Scotch Fillet), Cuadril, Rolled Roast, Virginia Roast, Costillar, Sirloin, Falda, Tapa (a término rojo o crudo).

Consejos:

• Quitar un poco de grasa. Es necesaria una cubierta de grasa para que la carne no se seque durante la cocción.

• Quitar la piel de los filetes para evitar que se enrosque y conservar la forma.

• Pesar la carne para calcular el tiempo de cocción.

• Colocar la carne en una charola para horno sobre la rejilla. Añadir una taza de agua o vino para cubrir el fondo de la charola, lo cual evita que el jugo se queme y queda de color rosado para hacer un gravy. Si el líquido se absorbe agregar un poco más.

• Se puede colocar la carne en la charola sin una rejilla, pero sí es necesario añadir agua a la charola. A medida que la carne se hornea, la grasa se derrite. Insertar un termómetro en la parte más gruesa de la carne.

Término	**Tiempo por cada 500 g**	**Temperatura interna.**
Crudo	20-25min	60°C/140°F
Medio	25-30min	70°C/158°F
Bien cocido	30-35min	75°C/167°F
Nota: el filete requiere menos tiempo		
Crudo	15-20min	60°C/140°F
Medio	20-25min	70°C/158°F
Bien cocido	25-30min	75°C/167°F

Así se registra la temperatura interna de la carne y el proceso de cocción. El tiempo se calcula con base en el peso de la carne.

• Los trozos pequeños o delgados se hornean a 200°C / 400°F, los más grandes a 180°C / 360°F.

• Antes de meter la carne al horno, elegir la temperatura deseada. Acomodar las rejillas antes de encenderlo.

• Los cortes muy grandes deben ser volteados durante la cocción.

• El exceso de calor y de cocción secan la carne y la endurecen, lo cual hace que se encoja.

• Sacar del horno la carne cocida, cubrir con papel aluminio y dejar reposar durante 15 minutos, así el jugo se asienta y se facilita el corte.

Carne de res a la parrilla

Cortes: Filete, Minute (filete delgado), Oyster Blade, Rib-Eye, Cuadril, T-Bone y New York Cut.

Consejos:

• Elegir carne de color rojo intenso, no rosa, lo cual indica que la carne está suave.

• Quitar la grasa. Cortar en intervalos para evitar que la carne se enrosque al cocerla.

• Sazonar con pimienta y hierbas antes de cocer, espolvorear con sal después de la cocción. Frotar con ajo machacado para dar más sabor.

• Para mantener la humedad barnizar con aceite de olivo antes de colocarla sobre la parrilla.

• Calentar la parrilla a intensidad muy alta durante 5 minutos antes de colocar la carne, no dejar el plato de la parrilla encima mientras se calienta, el plato debe estar frío al colocar la carne para que no se pegue.

• Establecer el tiempo de cocción con base en el grueso y el término deseado.

Usar la siguiente tabla como guía:

Costillas y brochetas	
Crudo:	2-3 minutos por lado
Medio:	4-6 minutos por lado
Bien cocido:	6-8 minutos por lado
Brochetas satay:	la mitad del tiempo que las anteriores

• No voltear la carne muy seguido pues así no se sellan los jugos.

* Dejar la puerta de la parrilla abierta mientras se asa.

* Las costillas y brochetas pueden marinarse antes de cocerlas.

* La carne asada se cuece rápidamente y debe servirse inmediatamente. Se recomienda tener todo preparado antes de colocar la carne el la parrilla.

Pesos y medidas

Para convertir

Métrico	Imperial
5mm	1/4 in
1cm	1/2 in
2cm	3/4 in
2 1/2cm	1 in
5cm	2 in
10 1/2cm	4 in
15cm	6 in
20cm	8 in
23cm	9 in
25cm	10 in
30cm	12 in

temperatura del horno

°C	°F
120	250
140	275
150	300
160	326
180	350
190	375
200	400
220	425
240	475
250	500

Líquidos métricos:

Métrico	Imperial	Tazas
30ml	1 oz	
55ml	2 oz	1/4 taza
85ml	3 oz	
115ml	4 oz	1/2 taza
150ml	5 1/4 oz	
170ml	6 oz	2/3 taza
185ml	6 1/2 oz	
200ml	7 oz	
225ml	8 oz	1 taza
285ml	10 oz	
370ml	13 oz	
400ml	14 oz	
455ml	16 oz	2 tazas
570ml	20 oz	
1Lt	35.3 oz	4 tazas

métrico, tazas y cucharadas

Métrico	Tazas	Imperial
60ml	1/4 de taza	2 oz
80ml	1/3 de taza	2 1/2 oz
125ml	1/2 taza	4 oz
250ml	1 taza	8 oz

Métrico	Cucharadas
1 1/4ml	1/4 de cucharadita
2 1/2ml	1/2 cucharadita
5ml	1 cucharadita
20ml	1 cucharada

Para medir ingredientes secc

Métrico	Imperial
15g	1/2oz
20g	2/3oz
30g	1oz
55g	2oz
85g	3oz
115g	4oz
125g	4 1/2oz
140g	5oz
170g	6oz
200g	7oz
225g	8oz (1/2 lb)
255g	9oz
315g	11oz
370g	13oz
400g	14oz
425g	15oz
455g	16oz (1lb)
680g	1lb 8oz
1 kg	2.2lb
1 1/2 kg	3.3lb

“Notas del chef”

Aderezo cajún: existen muchas variantes hoy en día. Es una mezcla que incluye ajo, cebolla, chile, pimienta negra, mostaza y apio.

Bouquet garni: diferentes hierbas (por lo general son perejil, tomillo y hojas de laurel) atadas que se usan para sazonar guisados, sopas y estofados. Se retiran antes de servir.

Crema de rábano: para su elaboración: ingredientes: crema, sal o limón (opcional), azúcar, rábano picante en polvo y vinagre (opcional). Batir bien la crema hasta que esté algo espesa, sazonarla con el limón, el rábano picante y el azúcar. Otro modo para prepararla es: batir la crema, la sal, el azúcar, el rábano picante y un poco de vinagre para obtener esta crema de rábano. (“Aderezo de raíz fuerte”) Es un aderezo hecho de una raíz, es parecido al wasabi. Se vende embotellado.

Crème Fraîche: esta crema agria no se corta al calentarla, por lo que es ideal para hacer salsas cremosas. También se usa para botanas y postres. Modo de preparar: Calentar una taza de crema espesa a 100 °F, añadir una o dos cucharadas de crema agria, nata o yogurt natural; dejar reposar a temperatura ambiente durante 9 horas mínimo antes de refrigerar.

Limoncillo: es un sazonador muy usado en la cocina tailandesa y vitnamita. Es una hierba de hojas largas y delgadas, su sabor es ácido, parecido al limón.

Marinada de vinagre y hierbas:

1/2 taza / 120 ml / 4 oz de salsa de soya

2 cucharadas de azúcar morena

1/2 cucharadita de jengibre, molido

2 cucharadas de vinagre

1 diente de ajo, machacado

2 cucharadas de salsa de jitomate

Mezclar todos los ingredientes.

Salsa de frijol negro: mezcla delgada, salada y de mucho sabor hecha de frijoles negros machacados y fermentados sazonados con ajo y algunas veces anís.

Salsa de jitomate: concentrado de jitomates, mezclado con hierbas y sazonadores.

Salsa de ostión: salsa de color café oscuro. Se prepara con ostiones, salmuera y salsa de soya, los ingredientes se cuecen hasta que se espesan y se concentran. Es un aderezo común en Asia y se usa como condimento de mesa. Se encuentra en tiendas gourmet o de comida asiática.

Salsa de rábano:

1 tarro pequeño de crema de leche

1/4 de jamón finamente picado

2 cucharadas de mayonesa

6 rábanos finamente picados

2 cucharadas de perejil finamente picado

Sal y pimienta al gusto

Procedimiento: Mezclar todos los ingredientes en la licuadora.

Índice